ALIMENTO
PARA EL ALMA
EL ALMA
DEL PEREGRINO

Noel Díaz

Derechos © 2014 por
El Sembrador Ministries, INC. / Noel Díaz

Segunda Edición 2018

20720 Marilla St.
Chatsworth, CA 91311-4407 USA.

apostolado@elsembrador.org
www.elsembrador.org
Tel. 773 777-7773

ISBN : 978-1-5323-1489-6

Impreso en los Estados Unidos.

ÍNDICE

¿QUÉ HACER AHORA?

En estos treinta años de vida del Apostolado de "El Sembrador", siempre nos ha quedado la agradable satisfacción de ver que la mayoría de los participantes de nuestros eventos llegan a establecer un encuentro personal con Jesucristo por primera vez, o bien, tienen un reencuentro con Dios, el cual les ayuda a cambiar su vida.

Mucha gente se va de los Congresos muy emocionada y alegre de haberse encontrado con el Camino que es Jesucristo, y establecen una relación íntima con Él; desean que ese momento, esa bella experiencia, nunca cambie.

Sin embargo, en el nuevo rumbo que ha tomado su vida es lógico que comiencen a surgir dudas: ¿Se terminará esta alegría? ¿Qué debo hacer para mantenerme en este camino? ¿Cómo podré comunicar a mi familia esta experiencia para que puedan sentir lo mismo que yo? ¿Ellos me entenderán? ¿Lo que siento es real o se trata solamente de una emoción temporal y se me pasará?

Estas y muchas más preguntas se pueden dar normalmente en el corazón de toda persona que vive estos encuentros.

Desde hace varios años, he pensado en ofrecer una especie de equipo de **sobrevivencia espiritual** *(survival kit)*, que quiero recomendar para subsistir en casos de "desastres" y "emergencias", aplicadas a la vida espiritual, en virtud de todos los peligros que se corren en la vida diaria.

Es por eso que hoy tengo la alegría de compartir con ustedes el presente documento, en el cual doy consejos y recomendaciones de carácter práctico que les puedan servir en momentos de flaqueza o sequedad espiritual, como apoyo en este nuevo recorrido y con el objetivo de que no se aparten de este camino que Dios les ha dado y así lleguen a su destino final: El glorioso encuentro con el Señor, que es el único que nos otorga la verdadera felicidad.

MI EXPERIENCIA PERSONAL:

Quiero manifestarles que en estos 30 años de apostolado, he logrado mantenerme unido al Señor a pesar de las dificultades y problemas que he encontrado en mi camino. En este recorrido he necesitado cada una de las recomendaciones que contiene este texto, con el fin de mantenerme firme hasta el día de hoy. Estoy convencido de que ustedes también pueden lograr el éxito y cumplir sus sueños si aplican los consejos que están contenidos en este libro: "Alimento para el Alma".

Vale la pena advertirles que todos tenemos un gran enemigo: el Diablo o Satanás, un ser que desde este momento se opondrá a que ustedes continúen leyendo e informándose acerca de cómo tener éxito en el camino hacia la libertad que el Señor ofrece a sus hijos amados, pues Jesús dijo: *«Conocerán la verdad y la verdad los hará libres»* (Juan 8, 32).

Satanás hará todo lo posible para distraerte, desanimarte, y aprovechará cualquier circunstancia para hacerlo. Utilizará **el miedo** como herramienta. Sin embargo es necesario tener presente que la **Fe** es el arma más poderosa del cristiano. La realidad del miedo no es la verdad, pero ocasiona un gran daño en nosotros. Vivir en contínuo desasogiego puede paralizar todos los planes de Dios con nosotros. Las Sagradas Escrituras nos alientan diciendo: *«Porque no es un espíritu* *de cobardía el que Dios nos otorgó, sino de Fortaleza, amor y dominio de nosotros mismos»* (2 Timoteo 1,7). Es decir, que cualquier tipo de sobresalto no viene de Dios, ni es voluntad de Él que estemos angustiados, afligidos y menos viviendo con temores.

Alguien dijo en una ocasión que el Diablo no está en los prostíbulos, o en los círculos donde hay violencia y adicciones, o con los incrédulos, pues se dice a sí mismo:

"Estos ya no me preocupan porque ya los tengo en mi poder. Pero los que sí me preocupan y ocupan son todos los que comienzan a conocer la verdad de Dios". Esas personas que comienzan a escuchar la invitación de Dios y se alejan de la maldad para encontrar su libertad, esos sí le preocupan. Así que Satanás está inquieto cuando alguien se le sale de sus manos y es ahí cuando buscará crear duda y pereza de seguir buscando a Dios.

Así que ¡manos a la obra! A partir de este momento, juntos, trabajemos en edificar nuestra relación con Dios, sabiendo aprovechar el tiempo, ya que la vida es corta. Vamos a ser como los obreros que Jesús menciona en la "Parábola de los Talentos" (Cfr. Mt 25, 14-30). Queremos ser como aquellos trabajadores que lograron duplicar los talentos porque se pusieron a trabajar arduamente; sin embargo, recordemos que uno de ellos no aprovechó lo que se le dio, y cuando regresó el dueño se enojó mucho con él, pues no devolvió ganancia alguna.

Existe un orden en todo, por lo que es natural que si deseas llegar a un determinado lugar, debes planificar tu destino y así vencer todas las dificultades que se presenten en el trayecto. Así por ejemplo, si alguien quiere ser un buen deportista, debe entrenar constantemente y buscar las mejores estrategias para lograr ser mejor: **Nadie llegará a disfrutar el triunfo sin hacer el esfuerzo y sacrificio para lograrlo.** Los atletas necesitan realizar ejercicio constante para mantenerse en forma, pues el día que ellos paren perderán sus habilidades. Eso pasa también en la vida espiritual.

Cuando llevas un seguimiento en tu vida espiritual: orando, leyendo la Palabra de Dios, congregándote regularmente en tu comunidad, cumpliendo con tu vida sacramental, asistiendo a Misa, visitando el Santísimo Sacramento y practicando tus devociones, como el Santo Rosario, estás fortaleciendo tu relación con el Señor. Pero si dejas ese ritmo empezarás a enfriarte y desanimarte y será muy difícil recuperarte. Por esa razón es necesario no confiarse, distraerse o aflojerarse en hacer todo aquello, pues después te causará problemas espirituales y será más complicado mantener sano el templo del Espíritu Santo.

¿Qué es la vida espiritual? ¿Me puedo dar el lujo de postergar el camino hacia la santidad y la comunión con el Señor, o de retrasar el tiempo de oración o de lectura de su Palabra? ¡Claro que NO! En la vida espiritual todo es de vida o muerte. Si dejas de alimentarte y fortalecerte espiritualmente, estarás vulnerable a los ataques del enemigo, que en cualquier momento puede matarte espiritualmente y alejarte del proveedor de la vida y la felicidad. Es tiempo de aprender y atender las recomendaciones que Dios mismo nos da, para no postergar las cosas espirituales; es momento de aprender cómo mantenernos en el ritmo espiritual que Dios desea que toda persona mantenga.

Los tiempos actuales no son buenos y los que corren en la pistas de atletismo no se detienen a medio camino, sino que corren y corren hasta llegar a la meta. Nosotros también tenemos que correr para poder llenarnos del Santo Espíritu. Es por ello que, a continuación, incluimos algunas sugerencias y consejos para que continúes viviendo tu relación personal con Dios.

«Confía en el Señor y haz el bien, habita esta tierra y sé fiel. Deléitate en el Señor y él te dará cuanto pidas. Encomienda tu camino al Señor, confía en él y él actuará. Hará que como la luz resplandezca tu justicia, como el mediodía tu derecho» (Salmo 37, 3-6).

OBJETIVOS DE ESTE MANUAL

A) Ayudar a que comprendas la importancia de mantener una vida espiritual viva y contínua con Dios.

B) Aprender a identificar cuando la vida espiritual se está estancando y dar opciones sobre cómo encontrar salidas prácticas e inmediatas al problema.

C) Convertirse en instrumento de Dios, usando los talentos que te regaló para dar mucho fruto en tu Parroquia o comunidad.

RECOMENDACIONES PARA EL PEREGRINO

EL SHEMÁ

Una de las experiencias más maravillosas de participar en un evento espiritual, lo constituye ese despertar que nos lleva a comprender el valor del amor de Dios: *«Amarás al Señor tu Dios con todo tu corazón, con toda tu alma y con todas tus fuerzas. Graba en tu corazón estas palabras que hoy te he dicho. Incúlcaselas a tus hijos; háblales de ellas cuando estés en tu casa y cuando vayas de camino, cuando te acuestes y cuando te levantes»* (Deuteronomio 6, 5-7).

DIOS NO RECHAZA UN CORAZÓN AGRADECIDO

Otro de los frutos consecuentes del amor de Dios, es aprender a tener un corazón agradecido y manifestarlo a Él y al prójimo, es por eso que recomiendo que, desde el día siguiente, terminado el evento espiritual, se debe iniciar el proceso de **DAR GRACIAS** a Dios por el día que comienza diciendo esta oración:

"Gracias amado Señor por la dicha que me das al saber que soy bendecido con el don de la vida, y me otorgas la

oportunidad de compartirla con todos mis seres queridos. Te pido que me acompañes en mi caminar del día de hoy y que me tomes de tu mano para conducirme por el camino del bien; que me ayudes a tomar las mejores decisiones en mi vida. Permíteme Señor, cubrirme y cubrir a toda mi familia, y todo lo que poseo, con tu Sangre Preciosa". Amén.

VIVIR LA ALEGRIA DEL EVANGELIO

El Papa Francisco nos invita a una *peregrinación* hacia atrás, un camino sapiencial para encontrarnos en las calles de Palestina o junto a la barca del humilde pescador de Galilea; nos invita a contemplar los inicios de un camino o mejor, de un acontecimiento que, inaugurado por Cristo, nos lleva a dejar las redes en la orilla; la banca de los impuestos en el arcén de la carretera; las veleidades del zelote entre las intenciones del pasado. Medios todos inadecuados para estar con Él.

Nos invita a detenernos con paz, como peregrinación interior, en el horizonte de la primera hora, donde los espacios están caldeados para la relación amistosa, la inteligencia se abre al misterio, la decisión entiende que es bueno entregarse al seguimiento de ese Maestro que sólo tiene palabras de *vida eterna* (Cfr. Jn 6, 68). Nos invita a hacer de toda la "existencia una peregrinación de transformación en el amor".

INICIAMOS CON LOS ALIMENTOS
NECESARIOS PARA EL CAMINO

1. LA PALABRA DE DIOS

TU PALABRA ES UNA LUZ EN MI CAMINO

«La Iglesia ha venerado siempre las Sagradas Escrituras al igual que el mismo Cuerpo del Señor, no dejando de tomar de la mesa y de distribuir a los fieles el pan de vida, tanto de la Palabra de Dios como del Cuerpo de Cristo, sobre todo en la Sagrada Liturgia. Siempre las ha considerado y considera, juntamente con la Sagrada Tradición, como la regla suprema de su fe, puesto que, inspiradas por Dios y escritas de una vez para siempre, comunican la palabra del mismo Dios, y hacen resonar la voz del Espíritu Santo en las palabras de los Profetas y de los Apóstoles. Es necesario, por consiguiente, que toda la predicación eclesiástica, como la misma religión cristiana, se nutra de la Sagrada Escritura, y se rija por ella. Porque en los sagrados libros el Padre que está en los cielos se dirige con amor a sus hijos y habla con ellos; y es tanta la eficacia que radica en la Palabra de Dios, que es, en verdad, apoyo y vigor de la Iglesia, y fortaleza de la fe para sus hijos, alimento del alma, fuente pura y perenne de la vida espiritual».

(Constitución sobre la Revelación Divina, 21.
Pablo VI).

Como católicos necesitamos ser asiduos a la lectura de las Sagradas Escrituras. En el relato de las tentaciones de Jesús en el desierto, cuando se preparaba con oración para su vida pública, encontramos una gran enseñanza sobre la importancia de conocer la Palabra de Dios: *«Entonces se le acercó el Diablo y le dijo —Si de verdad eres Hijo de Dios, di que estas piedras se conviertan en pan. Jesús le contestó: —Las Escrituras dicen: No solo de pan vivirá el hombre, sino de toda palabra pronunciada por Dios»* (Mateo 4, 3-4).

Aquí vemos claramente que Jesús le responde al Diablo con la Palabra de Dios. Su respuesta se encuentra en el libro del **Deuteronomio 8, 3,** del Antiguo Testamento. En el pasaje de Mateo podemos darnos cuenta de que Satanás no sólo le puso una tentación a Cristo, sino tres, y en cada una Jesús responde con la Sagrada Escritura, la cual llevaba grabada en su corazón.

El primer paso pues, es obtener, si no se tiene, una Santa Biblia en una versión aprobada por la Iglesia Católica. Es sumamente importante que ustedes comprendan que la interpretación de la Biblia no es sencilla y que muchas veces el entusiasmo inicial por su lectura se transforma, no pocas veces, en una especie de decepción: *"Yo leo la Biblia pero no la entiendo"*. Esta es una expresión que suele estar en labios de personas muy sinceras y llenas de buena voluntad, pero que se desmotivan y, como consecuencia, a menudo abandonan este estudio.

Debemos tomar en cuenta que la lectura asidua y diaria de la Palabra de Dios es un camino para conocer a Cristo. Es recomendable comenzar por leer la Escritura desde los Evangelios y meditar su contenido con profundidad. San Jerónimo afirmó: *"Desconocer las Escrituras es desconocer a Cristo"*.

Una forma aconsejable de leer las Sagradas Escrituras, es llevar el orden establecido por la Iglesia en sus tres ciclos litúrgicos. Resulta muy útil -como algunos ya lo hacen- leer previa o posteriormente los textos correspondientes a cada Misa del Domingo. Esto vale sobre todo para los Tiempos "fuertes", a saber: Adviento, Navidad, Cuaresma y Pascua. No olvidemos que entre la Biblia y la liturgia hay una relación tan estrecha que las hace inseparables.

Siempre hay que acercarse a la Escritura con espíritu de fe. Y la fe es un don de Dios que es necesario implorar constantemente. De ahí que la oración debe acompañar habitualmente la lectura de la Biblia. Así se entabla el diálogo entre Dios y el hombre: "A Él le hablamos cuando oramos, y a Él lo escuchamos cuando leemos su Palabra", afirmaba en el siglo IV el gran obispo san Ambrosio.

¿CÓMO EMPEZÓ MI ENCUENTRO PERSONAL?

Con la lectura de la Santa Biblia. Aunque al principio lo hice sólo con la intención de saber cómo defender mi fe católica, después me encontré con el hecho de que Dios nos amó y ama tanto que su deseo es que todos lleguemos al conocimiento de su amor por medio de su Hijo Jesucristo.

Esta experiencia marcó el inicio de mi camino de conversión. Puedo decir, con toda certeza, que su palabra escrita en las Sagradas Escrituras fue lo que tocó mi corazón y me despertó del letargo espiritual.

Sólo el Espíritu de Dios, que está y permanece en nosotros, puede darnos la luz interior que nos permite discernir el sentido de los textos bíblicos. De otra manera no podríamos comprender debidamente lo que Dios quiere decirnos. *«El Espíritu Santo, que el Padre enviará en mi Nombre les enseñará todo y los introducirá en toda la verdad»*, leemos en el Evangelio de San Juan. Sin el Espíritu Santo, la Palabra escrita resulta letra muerta: **"Hablar con Dios es más importante que hablar de Dios"**, decía san Agustín. En la oración podemos asimilar la Palabra de Dios, como María -la hermana de Lázaro- *"sentada a los pies del Señor"*.

Antes de iniciar la lectura de la palabra de Dios te invito a hacer la invocación al Espíritu Santo con esta oración para pedir su asistencia, su auxilio y ayuda para tu beneficio y mejor entendimiento.

Espíritu Santo,
te invoco para que vengas en mi ayuda.
Toma mi inteligencia y mi corazón y disponme a recibir
lo que hoy Dios quiere decirme en su Palabra. Que su
mensaje de Vida Nueva penetre en mi interior y que aclare
toda confusión con su Verdad, toda oscuridad con su Luz,
y todo egoísmo con su Amor. Confío en la fuerza liberadora
de la Palabra de Dios,
que me revela su Voluntad para que pueda encarnar hoy,
su proyecto en mi vida.
Amén.

¿QUÉ ES LA LECTIO DIVINA?

Significa "lectura de Dios", y recuerda la práctica monástica de la "lectura orante" de la Biblia. El primero en utilizar esa expresión fue Orígenes, quien afirmaba que para leer la Biblia con provecho es necesario hacerlo con atención, constancia y oración. Más adelante, la *Lectio Divina* vendría a convertirse en la columna vertebral de la vida religiosa. El Concilio Vaticano II recuperó, felizmente, la anterior tradición e instó con insistencia a los fieles a leer asiduamente la Escritura.

En la actualidad, la *Lectio Divina* se va difundiendo cada vez más en las comunidades eclesiales más diversas, y está resultando una fuente de renovación espiritual y de vivo compromiso eclesial.

PASOS DE LA LECTIO DIVINA

Los cuatro pasos que constituyen el proceso de la *Lectio Divina* son cuatro actitudes básicas del creyente que desea SEGUIR a Cristo conociendo su Palabra, es decir la Lectura; aprendiendo a vivir como Él vivió con la Meditación; suplicando fuerza y luz para sus pasos en la Oración; y trabajando para que el Reino sea una realidad en cada uno de nuestros ambientes con la Contemplación.

LECTURA:

Es la lectura atenta y pausada del texto para captar su sentido literal, simplemente lo que dice allí. Es el momento que me obliga a ver lo que dice la Biblia, y no lo que yo creo que dice. Una forma sencilla de hacer este primer momento es responder a la pregunta: **¿Qué dice el texto?** Encontrar cuál es el mensaje clave.

MEDITACIÓN:

Con este paso se trata de actualizar el mensaje y entrar en diálogo con Dios que habla en el aquí y ahora. Luego de ese primer momento en se comprende lo que dice el texto, tenemos que aplicarlo a la propia vida. Ahora comprendemos y creemos que Dios nos habla en la Biblia. No solamente buscamos en ella la lectura de una bella obra literaria, sino una palabra que tiene algo para decirme en mi realidad y en mi situación concreta en el día de hoy. Para resumirlo en una pregunta, este paso nos plantea: **¿Qué me dice el texto a mí?** O si leemos en grupo: **¿Qué nos dice a nosotros, a nuestra comunidad?**

ORACIÓN:

En este paso respondemos a la pregunta: **¿qué me hace decir el texto a Dios?** Este es el paso donde el hombre responde a Dios. Dios me habló en el texto. ¿Y ahora yo qué le digo? Una vez que he confrontado mi vida con la Palabra de Dios desde mi propia experiencia, la oración surgirá de diversas maneras. Los maestros espirituales recomiendan aprovechar los Salmos o las palabras que el mismo texto nos brinda para rezar. Este paso se nos presenta con la pregunta: **¿Qué le digo a Dios?** O, si leemos en grupo: **¿Qué le decimos a Dios?**

CONTEMPLACIÓN:

La pregunta que responderemos en este paso es: **¿cómo cambia el texto mi mirada acerca de la realidad?** Este cambio de visión debe llevar a la acción para completar en nuestro ambiente aquello que todavía falta por realizar o conocer. Llegamos hasta este último peldaño; ahora el esfuerzo humano ya no cuenta. La contemplación es regalo de Dios, es su Espíritu que pone en nosotros el conocimiento hermoso de Dios. Es cierto que Dios regala estos dones cuando quiere y donde quiere, con o sin Lectio Divina. Pero también es cierto que el encuentro con la Palabra de Dios es un camino cierto para el encuentro con Dios.

Crea en Mi Un Corazón Puro

Escanea este código

2. LOS SACRAMENTOS, FUENTE DE SALVACIÓN

EL QUE COME MI CUERPO Y BEBE MI SANGRE, TIENE VIDA ETERNA

Los Sacramentos son signos visibles de la presencia y acción invisible de Dios en nuestras vidas. El Catecismo de la Iglesia Católica nos dice:

> *«Los Sacramentos de la nueva Ley fueron todos instituidos por nuestro Señor Jesucristo". Son los grandes medios de perseverancia en la vida cristiana. Los Sacramentos son como "fuerzas que brotan" del Cuerpo de Cristo, siempre vivo y vivificante, y como acciones del Espíritu Santo que actúa en su Cuerpo que es la Iglesia»*, (1114).

Este es el Sacramento por excelencia, que nos sirve para nutrirnos de la fuerza divina en el proceso de conversión y maduración que estamos llamados a recorrer diariamente. En la Eucaristía es Cristo mismo quien se hace presente, cuando por las palabras de consagración del sacerdote y la acción del Espíritu Santo, un sencillo pan y un poco de vino son transformados en su propio Cuerpo y Sangre. De este modo llegan a ser para nosotros alimento y bebida que nos nutren y fortalecen en nuestro diario peregrinar.

La Eucaristía nos llena de la fuerza de Cristo, ¡porque nos llena de Cristo mismo! Por ella entramos en comunión con el Señor, pues como Él ha dicho: «El que come mi cuerpo y bebe mi

Sangre, vive unido a mí, y yo vivo unido a él» (San Juan 6, 56). Toda persona que con frecuencia se acerca a este Sacramento, prácticamente coopera generosamente con esta gracia que recibe en abundancia en la Comunión y experimenta en sí una vitalidad que lo impulse a vivir la perfección de la caridad y lo lanza incansablemente al apostolado, a anunciar a Cristo a quien lleva muy dentro. De este modo, permaneciendo en comunión con el Señor y celebrando con la gracia recibida, «da mucho fruto».

Se ha dicho que el remedio de Dios es Jesucristo. Estoy completamente convencido que una de las mayores razones por las cuales nuestra Iglesia se ha mantenido firme a través de los siglos, es por el Sacramento de la Eucaristía, lo vemos desde los primeros creyentes.

En un momento de mi vida cuestioné si la Iglesia Católica era la verdadera o no. La razón por la que comencé a dudar fue porque sentía una gran necesidad de Dios. Observaba que los católicos que yo conocía no reflejaban en ellos ese amor hacia Dios. Veía un gran conformismo y frialdad en las cosas espirituales. Por otro lado, conocía amigos que habían dejado la Iglesia Católica para formar parte otras iglesias cristianas, y estos amigos no solo habían dejado la Iglesia, también dejaron los malos hábitos. Me era claro que habían descubierto algo grandioso: ahora hablaban de Dios, de la Biblia y de su experiencia con el Señor. Estas cosas despertaron todavía más dudas en mí. Nunca acepté, ni quise asistir a su culto o servicio, aunque dentro de mi corazón tenía curiosidad.

Esto marcó mi corazón y tomé la decisión de conocer primero la doctrina católica, y reafirmar la razón por la que yo pertenecía a la Iglesia; el por qué se decía que esta era la Iglesia verdadera, la que Jesucristo había fundado. Hoy doy gracias infinitas a Dios por haberme ayudado a tomar esa decisión, ya que uno de los descubrimientos mas grandes fue saber que Cristo se había quedado con nosotros en las especies del vino y el pan. Allí Jesús se encuentra vivo en Cuerpo, Alma y Divinidad. Eso no lo iba a encontrar en las iglesias a las que me invitaban. Nosotros creemos que Jesucristo está ahí, en ese pedacito de pan que es la hostia.

Hay algunas iglesias cristianas, no católicas, que realizan un acto llamado "la cena del Señor". Pero hay una gran diferencia entre ellos y nosotros; ellos creen que el vino y el pan son tan solo un símbolo. Nosotros los católicos no creemos que el sacrificio del altar sea un acto simbólico, sino que es realmente el propio Cuerpo de Cristo.

UNA EXPERIENCIA INOLVIDABLE

No puedo olvidar que mi primer recuerdo de niño, en relación con Dios, fue cuando hice mi Primera Comunión a la edad de siete años. Había logrado lo que más deseaba: recibir a Cristo. Entramos al templo, yo con mi vela en la mano derecha, con el rostro en alto, y con una felicidad indescriptible: ¡lo había logrado! Ese día recibí por primera vez a Jesús, el Pan de Vida. Recuerdo que una gran paz invadió mi ser, y una alegría que nunca había experimentado llenó mi corazón. Hoy me pregunto cómo es que un niño de siete años pudiese percibir todo eso, mas para Dios no hay nada imposible y tampoco para los que en Él creen. Hoy por hoy, el momento más sublime que yo en lo personal experimento en mi relación con Jesús, es cuando como su Cuerpo. ¡Qué grandioso es ese momento para mí! Se abren los ojos del alma.

En el Catecismo de la Iglesia Católica (737) nos dice tres cosas que suceden en nuestra vida cada vez que comulgamos: "Les hace presente el Misterio de Cristo, sobre todo en la Eucaristía para **reconciliarnos**, para **conducirnos a la comunión** con Dios, para que **den mucho fruto**" (Jn 15, 5.8.16).

La participación plena, consciente y activa en la celebración de la Santa Eucaristía, de manera especial en el Domingo, Día del Señor, así como también cualquier otro día de la semana, nos fortalece y alienta en la vida cristiana y en su expresión en el apostolado.

No olvidemos también que las visitas al Señor, realmente presente en el Sagrario, constituyen para nosotros un ejercicio espiritual fundamental mediante el cual, nutriéndonos en el encuentro asiduo y reverente con quien es Dios y Señor, nos desplegamos en la vida activa haciéndonos crecer espiritualmente.

Como puede deducirse, es de suma importancia acudir a este Sacramento con toda la frecuencia con que se pueda, acomodando los horarios de trabajo y reservando un tiempo especial, no solo para participar de la Santa Misa, sino también visitar el Santísimo Sacramento y por supuesto, dedicar un tiempo a la oración ante el Sagrario.

En el documento de Aparecida, nuestros obispos de Latinoamérica nos dicen: "¡Sólo de la Eucaristía brotará la civilización del amor, que transformará Latinoamérica y El Caribe para que además de ser el Continente de la esperanza, sea también el Continente del amor!".

Tres razones porque soy Católico

Escanea este código

3. EL PODER DE LA ORACIÓN

TODO LO QUE USTEDES PIDAN EN MI NOMBRE, YO LO HARÉ

Jesús nos enseña la gran importancia de la oración, ya que antes de iniciar su vida pública se fue al desierto por cuarenta días, en los cuales se mantuvo en ayuno y oración. Ahí fue tentado por Satanás, pero la fuerza de Jesús, resultado del ayuno y la oración, le dieron desde ese momento la victoria sobre las tentaciones que el enemigo le presentó y que durante su vida tendría que enfrentar. La oración en la vida de Jesús era sin duda su fuerza y su comunión con el Padre (Cfr. San Mateo 4).

Qué maravilloso es saber que podemos hablar con Dios en cualquier momento de nuestra vida. El Profeta Jeremías dijo estas palabras que brotan del mismo corazón de Dios: *«Llámame y te responderé; te comunicaré cosas importantes y recónditas, que no conoces»* (Jeremías 33, 3).

Debemos comprender que la oración es un impulso del corazón, una sencilla mirada lanzada al cielo, un grito de reconocimiento y de amor que se dirige en la búsqueda de nuestro Dios y Señor. Dios nos ha hecho un gran regalo con la oración. El poder hablar con Dios es una concesión divina que a muchos se les dificulta comprender.

Cada vez que oramos, es decir, cuando se abren nuestros labios para rezar, pensamos que somos nosotros los que tomamos la iniciativa. Pero ha sido Dios quien nos ha buscado, quien ha elevado nuestro pensamiento a Él, quien nos ha dado las palabras, y quien ha estimulado nuestros sentimientos. El Catecismo de la Iglesia Católica nos dice claramente que la oración es primero una llamada de Dios, y después una respuesta nuestra. La oración es, por lo mismo y ante todo, una gracia de Dios.

Podríamos preguntarnos: ¿Es posible que Dios tenga necesidad de nosotros? ¿Es posible que sea Dios quien nos busque? ¿Es posible que sea Dios quien salga a nuestro encuentro? La respuesta de un buen hijo de Dios es que sí, porque Jesús nos ha dicho que Él es nuestro Padre, un Padre que nos ama y, el padre que ama, no puede pasar sin hablar con el hijo querido.

¿Qué nos pasa cuando deseamos orar? A menudo nos ocurre lo mismo que a la Samaritana junto al pozo de Jacob que nos cuenta San Juan en su Evangelio. ¿A qué se redujo la petición de la Samaritana, aquella mujer de seis maridos y siempre insatisfecha? A reconocer que tenía sed. Por eso pidió a Jesús: *«¡Dame de esa agua tuya, para que no tenga más sed!»*.

La oración es comunicación entre Dios y nosotros. Tenemos un corazón inmenso, con una capacidad enorme de amar y de ser amados. Sólo Dios puede llenar esas ansias infinitas. Por eso Él nos atrae, nos llama y nos llena de su amor y de su gracia.

Santa Teresita del Niño Jesús lo expresó de una manera maravillosa con estas palabras: *"Para mí, la oración es un impulso del corazón, una sencilla mirada lanzada al cielo, un grito de reconocimiento y de amor, tanto desde dentro de la prueba, como desde dentro de la alegría"*.

De la misma manera, Santa Teresa de Jesús, dijo: "Oración, a mi parecer, no es otra cosa que tratar de amistad con Aquél que sabemos que nos ama". ¡Claro! Si Dios me ama, es un amante que no puede pasar sin mí, y por eso me busca. ¡Claro! Si yo amo a Dios, no me aguanto sin Él, y por eso lo busco. Y cuando nos encontramos, ¿qué hacemos? Como somos tan cercanos, nos ponemos a hablar amistosamente, y no hay manera ni de que Dios deje de llamarme a la oración, ni de que yo deje de suspirar por pasar en oración todos los momentos posibles.

Es importante entender que la oración resulta ser entonces el termómetro que mide el calor del corazón y es la medida que precisa la distancia que hay entre Dios y yo. La oración resulta ser la balanza que calcula con exactitud el peso de mi amor; no nace de nosotros, sino de Dios. Es Dios el primero en llamar. Es el primero en darnos sed y ansia de Él. Es Dios el que impulsa nuestra oración, por el Espíritu Santo que mora en nosotros. Por lo cual, la oración es propiamente un don, un regalo de Dios.

Un cristiano sin oración es como un pescador sin redes queriendo lograr la gran pesca. Una pareja de novios o esposos se aman más profundamente conforme más se comuniquen. Así nosotros, cuando oramos a Dios aprendemos a amarlo, aprendemos a escucharlo y así vivir plenamente la vida que Él nos otorga.

La oración no es una carga, sino un alivio; no una obligación pesada ni aburrida, sino una ocupación deliciosa, la más llevadera y la de mayor provecho durante toda la jornada. Al decirnos el Catecismo que Dios llama incansablemente a cada persona al encuentro misterioso de la oración, hemos entonces de constatar que la oración es una verdadera vocación. ¡Dios que nos llama a estar con Él!

El poder de la oración

Escanea este código

CUATRO RECOMENDACIONES DE ORACIÓN QUE ME HAN AYUDADO EN MI CAMINAR

Todo católico debe emplear, como mínimo, 15 minutos de oración y meditación por la mañana y por la noche. Recomiendo que adopte la costumbre de orar antes de salir de casa por la mañana, y por la noche, antes de dormir.

La oración es muy importante en la vida espiritual de todo cristiano, pues es el momento especial para hablar con Él; saber callar para escuchar, y así establecer una comunicación constante y permanente que anime y motive la relación de amor que le une a Jesús.

La oración comunitaria es muy importante en la vida del cristiano, pero no suple la oración individual. Recomiendo mucho la oración ante Jesús Sacramentado, ya que Él se encuentra vivo en la hostia consagrada. Busque una capilla donde se exponga el Santísimo y visítele.

La práctica de devociones, como el rezo del Santo Rosario, la coronilla de la Divina Misericordia y otras, pueden hacerse durante el tiempo de oración personal.

En conclusión, podemos decir que si entendemos el amor de Dios, veremos que la oración no es una carga, sino una necesidad de nuestro ser de estar comunicados con Él. Ojalá que llegue el día en que podamos decir: *"¡Señor! Si Tú nos llamas, ¿por qué no te respondemos? ¡Qué felices seremos el día en que nuestra ocupación primera sea ésta: pasarnos buenos ratos hablando contigo!".*

4. DAR Y SERVIR

VAYAN Y HAGAN DISCÍPULOS A TODAS LAS GENTES

En una ocasión, narra el Evangelio de San Mateo, Jesús al ver la multitud de personas enfermas y desvalidas sintió compasión y le dijo a sus discípulos estas palabras: *«La mies es mucha, pero son pocos los trabajadores. Pore so, pídanle al dueño de la mies que mande trabajadores a sus campos»* (Mateo 9, 37-38).

El Divino Maestro nos invita a trabajar en la siembra, ya que en nuestros días, como en el tiempo de Jesús, hay muchísimas necesidades. El verdadero cristiano no puede quedarse con los brazos cruzados viendo la necesidad de los demás. Yo soy del pensamiento que cuando una persona ofrece su vida, o parte de su tiempo a algún apostolado, automáticamente es como si Dios levantase una muralla de protección y de bendición. El servir de corazón produce alegría y fuerza espiritual; uno se siente útil y se van descubriendo todos los talentos que Dios nos ha otorgado por medio del Espíritu Santo. Jesús dijo: *«Hay mayor felicidad en dar que en recibir»* (Hechos de los Apóstoles 20, 35).

Nunca olvidaré la forma en que Dios me habló a través de un hombre con una enfermedad terminal. Él se llamaba Juan y tenía 33 años. Fue una tarde cuando mi amigo Silverio me invitó a ir con él al hospital a orar por una persona. Yo jamás había visto a este hombre. Juan tenía un cáncer avanzado y los médicos ya lo habían desahuciado; le daban sólo unas semanas de vida. Cuando llegamos al hospital le vimos en una cama; su rostro manifestaba tristeza y dolor (no era para menos), pero al tiempo había cierta paz en él. Era difícil para mí entender lo que sentiría al saber que le quedaban sólo unas semanas de vida.

Mi primer pensamiento fue: "Señor, dame palabras de esperanza para este hombre, y si te lo vas a llevar dime cómo lo animo a que te busque y se arrepienta, para que no tenga miedo a la muerte". Claro, yo asumía que él no tenía conocimiento de la misericordia de Dios.

Cuál fue mi sorpresa, que mientras yo trataba de encontrar las palabras adecuadas para animar a Juan a confiar en Dios, él interrumpió mis pensamientos diciendo: "Noel, yo ya he oído hablar de usted y le agradezco que haya venido a visitarme. Mas le quiero decir que ya me arrepentí, me confesé con el sacerdote y estoy seguro que Dios tiene misericordia de mí y me perdonó, por lo cual no tengo miedo a morir". Al escucharle hablar así me sorprendió por su convicción, su fe y su confianza en Dios. Mi amigo Silverio y yo quedamos expectantes cuando, en un momento, su voz comenzó a quebrarse y una gran tristeza se apoderó de él. Las lágrimas comenzaron a rodar por sus mejillas y mis oídos escucharon algo que jamás habían escuchado: "No le tengo miedo a la muerte porque sé que Dios ya me ha perdonado. Lo que me llena de tristeza y de angustia es saber que, si Dios no me cura de este cáncer, en unos días estaré ante Él, y cuando llegue en su presencia lo haré con las manos vacías".

Juan inclinó su cabeza y sus lágrimas empapaban sus ojos. Hizo un silencio y de inmediato le pregunté: ¿A qué te refieres con que llegarás con las manos vacías? El respondió: "Cuando yo tuve salud y podía caminar de un lado para otro, nunca me preocupé por los demás, sólo pensé en satisfacerme a mí mismo. Probé de todo, cometí todo tipo de pecado habido y por haber, y hoy que no puedo moverme de esta cama,

¡cómo lamento haber perdido el tiempo en placeres pasajeros! Desearía tener otra oportunidad para poder servir a Dios y ayudar a los necesitados. Jesús dijo: *«Porque el que quiera salvar su vida la perderá; pero el que entregue su vida por causa de mí, ese la salvará»* (Lucas 9, 24).

Desde el primer momento en que iniciamos nuestro proceso de transformación de vida al entregarnos a Jesucristo, caemos en la conciencia de que no solamente fuimos creados para consumir: comer, respirar y ocupar espacio. Dios nos creó para hacernos a su imagen y semejanza y para que aprendamos a vivir según sus deseos. La vida cristiana es imitación de la del Maestro: *«Precisamente a eso han sido llamados: a seguir las huellas de Cristo, que, padeciendo por ustedes, les dejó un modelo que imitar»* (1 Pedro 2, 21).

San Pablo exhortaba a los primeros cristianos a imitar al Señor con estas otras palabras: *«Tengan ustedes la misma manera de pensar que tuvo Cristo Jesús»* (Filipenses 2, 5). Él es el mejor ejemplo de santidad, es decir, del amor a Dios Padre. Y esto no sólo por sus hechos, sino por su ser, pues su modo de obrar era la expresión externa de su unión y amor al Padre.

El Evangelio de Marcos 10, 35-45, nos relata la petición que hicieron a Jesús Santiago y Juan, de dos puestos de honor en el Reino. Jesús replicó diciendo: *«Porque así también el Hijo del hombre no ha venido para ser servido, sino para server y dar su vida en pago de la libertad de todos»*.

En diversas ocasiones proclamará el Señor que no vino a ser servido sino a servir. Toda su vida fue en servicio a los demás, y su doctrina es una constante llamada a los hombres para que se olviden de sí mismos y se den a los demás. Jesús recorrió constantemente los caminos de Palestina ayudando a cada uno de los que encontraba a su paso. Se quedó para siempre en su Iglesia y de modo particular en la Sagrada Eucaristía, para servirnos a diario con su compañía, con su humildad, con su gracia. Eso significa que también nosotros hemos sido llamados para SERVIR a los demás en la Iglesia de Cristo Jesús.

Los cristianos que deseamos imitar al Señor hemos de disponernos para un servicio alegre a Dios y a los demás, sin esperar nada a cambio; trabajar incluso por el que no agradece el servicio que se le presta. En ocasiones, muchos no entenderán esta actitud de disponibilidad alegre. Nos bastará saber que Cristo sí la entiende y nos acoge como verdaderos discípulos suyos. El "orgullo" del cristiano será precisamente éste: servir como el Maestro lo hizo.

Son muchas las personas que han vivido la experiencia de conocer al Señor y de comenzar su caminar con Él, sin embargo, debido a la rutina de la vida y a las múltiples ocupaciones, viven alejados del Cuerpo Místico de Jesús, su Iglesia, lo cual significa que dejan de reconocer que por ella Cristo vive en nosotros y nosotros vivimos en Cristo. Por eso llamamos a la Iglesia el Cuerpo Místico de Cristo. Él es la Cabeza.

Congregarse en la comunidad del Señor, más que una obligación, es un privilegio. El Papa Francisco nos dice en su Exhortación Apostólica La Alegría del Evangelio:

"Salgamos, salgamos a ofrecer a todos la vida de Jesucristo. Repito aquí para toda la Iglesia lo que muchas veces he dicho a los sacerdotes y laicos de Buenos Aires: prefiero una Iglesia accidentada, herida y manchada por salir a la calle, antes que una Iglesia enferma por el encierro y la comodidad de aferrarse a las propias seguridades. No quiero una Iglesia preocupada por ser el centro y que termine clausurada en una maraña de obsesiones y procedimientos. Si algo debe inquietarnos santamente y preocupar nuestra conciencia, es que tantos hermanos nuestros vivan sin la fuerza, la luz

y el consuelo de la amistad con Jesucristo" (49).

¡Atrévete a salir! Jesús nos repite sin cansarse: *«¡Dadles vosotros de comer!»* (Marcos 6,37).

Principalmente si lo hacemos con la firme intención de ser útiles en el servicio a Dios y al prójimo y darle cumplimiento a lo dicho por Jesús en su Evangelio: *«Les aseguro que todo lo que hayan hecho en favor del más pequeño de mis hermanos, a mí me lo han hecho»* (Mateo 25, 40). Jesucristo corresponderá a su promesa y nos dará abundantes bendiciones.

Así pues, ese servicio a Dios no es solamente para llevarlo a cabo en su Iglesia sino que, debido a su presencia y amor, nuestras actitudes tendrán un cambio radical con respecto a los demás y entenderemos que la vida se compone de una serie de servicios diarios, y estaremos dispuestos a ofrecer voluntariamente y con mucha alegría nuestra decidida ayuda a nuestra familia, que probablemente se sorprenderá del cambio. De la misma manera en nuestro trabajo, con parientes, amigos, conocidos y también con personas que nunca más volveremos a ver. Esa actitud de servicio viene por la gracia de Dios.

Aprendamos de Nuestra Señora, la Santísima Madre de Dios, a ser útiles a los demás; a pensar en sus necesidades, a facilitarles la vida aquí en la tierra y su camino hacia el cielo. Ella nos dio un ejemplo de esto en las bodas de Caná donde, en medio del júbilo de la fiesta, sólo María advirtió la falta de vino. Hasta los detalles más pequeños de servicio llegan al alma si, como Ella, se vive apasionadamente pendiente del prójimo por amor a Dios. Es entonces cuando hayamos con mucha facilidad al mismo Jesús que nos sale al encuentro y nos dice: *«Les doy un mandamiento nuevo: Ámense unos a otros; como yo los he amado, así también ámense los unos a los otros. El amor mutuo entre ustedes sera el distintivo por el que todo el mundo los reconocerá como discípulos míos»* (Juan 13, 34-35).

Somos la Luz del Mundo

¿DÓNDE Y CÓMO DEBO DE SERVIRLE AL SEÑOR?

Recomiendo acudir a tu comunidad parroquial y empezar a conocerla con mayor profundidad. Es necesario enterarse de las necesidades que tiene y reconocer dónde pueden prestar su servicio con mayor agrado y alegría, tomando en consideración los propios dones y carismas, o bien por la experiencia personal. Hay servicios que toda comunidad parroquial ofrece, tales como: Ministros de la Eucaristía, Lectores de la Palabra, Catequistas, Ayudantes del Altar, encargados de los adornos de la liturgia, Música y Coro, servidores. Tal vez también existen diversos Grupos Eclesiales dentro de la organización parroquial, tales como el Grupo de Oración, el Grupo Guadalupano, la Adoración Nocturna, Cursillistas, etc., Lo importante es tomar la firme decisión de empezar a ejercer el servicio a la manera de Jesucristo y la Virgen María. Dar nuestro **TIEMPO, TALENTO Y TESORO.**

A propósito de la vida comunitaria y la actitud del servicio del cristiano, el Papa Francisco, siendo Cardenal de Buenos Aires, Argentina, escribió un libro titulado: "El verdadero poder es el servicio", en donde describe en resumen su pensamiento y enseñanza en la frase: **"Hacer por los otros y para los otros".** El Papa nos dice en esta obra que las palabras de Jesucristo, hace dos mil años, nos enseñaron a los cristianos que Él no había venido para ser servido sino para servir. Sobre la base de este argumento, que mantiene su vigencia y en lo que se basa el servicio en todo el mundo, nos enseña los aspectos más importantes del servicio a Dios y a la sociedad y la forma en cómo cada uno de nosotros podemos aprender el gran valor que tiene en nuestras vidas.

La renovación del servicio social es lo que el Papa Francisco propone a los creyentes católicos de todo el mundo, para que tengan una vida en donde puedan ejercer el verdadero poder del servicio que se contrapone con lo que el mundo actual exhibe y, sobre todo, con el paradigma erróneo que las personas buscan.

Tengamos presente que: **Servir a Dios y a la humanidad, es la mejor obra de la vida.**

Hoy le ruego al Señor que le ayude a tomar la decisión, si es que aún no la ha hecho, de servir. Confío que la historia de Juan le haya ayudado a reflexionar y lo motive a hacer el esfuerzo de comprometerse a servir, mientras usted pueda, y evitar llegar ante Dios con las manos vacías. Es importante saber que la vida es corta, vivámosla al máximo haciendo lo que Dios nos pide.

SERVIR DÁNDOLE A DIOS LO MEJOR DE NOSOTROS

Como testimonio, quiero decirles que, en estos treinta años que llevó sirviendo a este buen Dios, no me arrepiento porque sé que fue la mejor decisión de mi vida. Les comparto esta frase que les digo a todos los servidores de El Sembrador: **"ES PREFERIBLE LLEGAR DESGASTADO QUE OXIDADO".**

Juan Pablo II, en su Exhortación *Ecclesia in América*, nos dice: "El servicio a los pobres, para que sea evangélico y evangelizador, ha de ser fiel reflejo de la actitud de Jesús, que vino para anunciar a los pobres la Buena Nueva".

MI ORACION ES QUE UN DIA LOGREMOS, COMO CRISTIANOS, ESTE SUEÑO:

- Que un día nosotros los católicos salgamos a las calles a tocar las puertas de los hogares y, con alegría, compartamos nuestra experiencia de Dios.

- Que un día todos lleguemos a participar de la Misa, que nadie se quede sin ser parte del Banquete Celestial y recibamos el Cuerpo de Jesucristo en la Eucaristía.

- Que un día cada sacerdote anime al pueblo a aprender y amar la Palabra de Dios.

- Que un día cada católico llegue a Misa con su Biblia en la mano.

- Que un día nosotros, los laicos, valoremos mucho más a nuestros hermanos llamados a la vida consagrada, especialmente a los Obispos, sacerdotes, religiosas, religiosos; animándolos, agradeciéndoles y orando intensamente día a día por ellos y respetándolos siempre.

DUDAS FRECUENTES

Es normal que las personas que han tomado la decisión de escoger el camino estrecho en el seguimiento a Jesucristo, y que avanzan en su proceso de transformación, encuentren ciertos temores, dudas e inquietudes que pongan en riesgo el proceso de su desarrollo espiritual.

La experiencia nos ha enseñado que es posible vencer esas inquietudes y que, con la misma ayuda que ofrece el Espíritu Santo que viene en nuestro auxilio, es posible no sólo discernir, sino también tomar decisiones oportunas para no desmayar.

A continuación les presentamos algunos de los temores, dudas e inquietudes que solemos tener y damos respuesta a las mismas con alguna sugerencia sencilla y efectiva:

¿Cómo puedo asegurarme que estoy haciendo lo correcto en mi proceso de conversión y entrega al Señor?

La mejor forma de asegurarse de estar haciendo lo correcto es tener apoyo espiritual. Es aconsejable buscar un sacerdote o una persona que se convierta en director espiritual. La dirección espiritual es la asistencia o ayuda positiva que una persona recibe de otra especialmente calificada, por educación, experiencia y santidad personal, para discernir la voluntad de Dios y la práctica de las virtudes cristianas. La dirección utiliza como criterio la verdad revelada por Dios a la Iglesia

Católica. El proceso de dirección busca la aplicación de esta verdad a la vida personal, contando siempre con la asistencia del Espíritu Santo, quién es el principal director de las almas.

La dirección espiritual debe partir de una búsqueda voluntaria de quién se compromete a progresar en la unión con Dios. La Iglesia, en su larga experiencia, reconoce la necesidad de la dirección espiritual ya que, como consecuencia del pecado, el hombre se confunde con facilidad, arrastrado por sus pasiones, llegando a justificar sus errores. El director espiritual nos ayuda a ser objetivos, separándonos de los apegos que ciegan al alma, para poder ver con claridad la verdad.

Algunos miembros de mi familia, amigos y compañeros de trabajo, se burlan de mí a consecuencia de mi cambio de vida.

Algunas personas optarán por burlarse de nuestros actos en lugar de brindarnos su apoyo. Ten presente, en todo momento, que has tomado la mejor decisión para ti y tu familia, de buscar la salvación. Lo más importante en el proceso de cambio eres tú mismo y debes aferrarte a la fortaleza que viene del Señor y de su Espíritu, para seguir firme en tu relación con Dios. Al final, el Señor te dará su recompensa y llegará el momento en que, aquellos que una vez te criticaron y se burlaron de ti, te pregunten acerca de tu nueva manera de ser y de actuar. Entonces tú les responderás que el cambio se debe a la presencia de Dios en tu vida. Recuerda que para alcanzar tus objetivos es necesario luchar contra todas las adversidades, pero no estás solo, Dios está contigo.

Ahora qué experimento la presencia de Jesús en mi vida, deseo que mi familia, mis amigos y demás personas también lo sientan, pero no me quieren acompañar a la iglesia.

Tarde o temprano todos experimentamos esta inquietud; es necesario comprender que lo mejor es ocuparnos de llevar a cabo la obra de Dios en nuestra vida y de allí en adelante, cuando se realice, nuestro cambio de vida será tan radical que los demás lo notarán de inmediato.

Por nuestro cambio de actitud y los frutos del amor, fe, caridad, esperanza, paciencia, paz, seremos entonces TESTIMONIO de lo que ha hecho el buen Dios con nosotros y, ante tal situación, ellos también querrán obtener los beneficios que tú has obtenido con la presencia de Jesús en tú corazón.

No te detengas nunca para obtener la salvación personal. Cada uno debe alcanzar la suya, pero aprovecha toda oportunidad para invitar a tu prójimo a que se encuentre con el Señor. Asimismo, ten presente que la CONVERSIÓN es un cambio profundo, total, que abarca a toda la persona; un cambio de mentalidad, un cambio interior que nos lleva a transformar también toda nuestra vida exterior.

Leo la Biblia pero no la entiendo.

Este es un argumento frecuente que casi todos hemos tenido en alguna etapa de nuestra vida. Debemos considerar varios aspectos. En primer lugar, para acercarnos a la Palabra de Dios, tenemos que hacerlo con fe, con entrega, dedicación y respeto y, sobre todo, solicitando la asistencia y presencia del Espíritu Santo para que venga en nuestro auxilio. Además, al principio debemos tomar en cuenta que es muy fácil distraernos, pues quizás no estamos acostumbrados a leer. Somos gente de ruido y carreras y exigentes en cuanto a resultados.

En medio de este ajetreo, encontramos llamadas a la cordura y la paciencia para leer y entender la Palabra de Dios. Basta con recordar la actitud de María, la hermana de Lázaro, quien lo entendió de forma tan clara que, cuando Jesús fue a su casa, se sentó a sus pies para no perder una sola de sus palabras.

Los cristianos vivimos de muchas cosas. Nuestra vida se alimenta de escuchar atentamente la Palabra, de la vida sacramental, pero sobre todo, del amor de Dios.

Si somos capaces de concentrarnos en la tranquilidad del contenido de las Escrituras, comenzando por los evangelios, y dedicamos a la lectura unos pocos minutos, sin buscar extendernos demasiado, seremos capaces de obtener el beneficio de la comprensión y el entendimiento. El Espíritu vendrá en nuestra ayuda y podremos sacar provecho.

Mucha gente dice que no lee la Biblia porque no la entiende; tienen en parte razón, hay pasajes ciertamente complicados, sobre todo en el Antiguo Testamento. Pero también hemos de reconocer que el Evangelio y las Cartas, son textos que se pueden comprender con mayor facilidad. Les recomiendo que lean unos minutos cada día y que dediquen un tiempo a pensar en lo que han leído. Ese ejercicio les ayudará a entender mejor las Sagradas Escrituras.

A veces me cuesta orar porque no tengo ganas o no me encuentro en condiciones de hacerlo.

Como seres humanos podemos experimentar una gama de emociones y sentimientos de toda clase; el problema es si nos dejamos llevar por ellos. Que no sientas ganas de algo no quiere decir que no tengas que hacerlo. Por ejemplo: No sentiste deseos de ir a trabajar el día de hoy; sin embargo vas a trabajar porque hay una obligación de hacerlo, es decir: **No hago lo que quiero, sino que hago lo que debo;** es ahí cuando se superan los sentimientos.

En Mateo 26, 40-41, Jesús toma la iniciativa de orar en Getsemaní y les pidió a sus discípulos que permanecieran despiertos con Él pero ellos no lo hicieron: *«Volvió entonces adonde estaban los discípulos y, al encontrarlos dormidos, dijo a Pedro: —¿Ni siquiera han podido velar una hora conmigo? Velen y oren para que no desfallezcan en la prueba. Es cierto que tienen buena voluntad, pero les faltan fuerzas».*

Podríamos entender que, aunque el espíritu está dispuesto a orar, la carne quiere acomodarse a sus emociones, entonces tenemos que empujar a la carne para entrar en oración, para que nos ayude a no caer en tentación.

Por eso te recuerdo, apreciado amigo, que si esperas para orar hasta que tengas ganas, estás perdido. Debes tener el coraje de orar incluso cuando no tengas ganas y sobre todo en ese momento. Recuerda que **todo es gracia.** Debes tener el valor de ganarle la batalla a la pereza emocional y, aunque te sientas frío, árido, seco y vacío, hacerlo. A fuerza de insistir, saldrás victorioso.

Ten presente que muchas veces no tenemos ganas de comer por falta de apetito, sin embargo, cuando comenzamos a comer, a veces no podemos parar hasta quedar completamente satisfechos. Dile al Señor, cuando te encuentres delante de Él, todo lo que sientas, todo lo que lleves dentro, lo que te preocupa y lo que te alegra. Y si estás fastidiado, díselo también, Él comprende todo, entiende bien el estado de ánimo que llevas. Más todavía, Él te dará lo que necesitas para comunicarte mejor, Él te enviará su Espíritu sin el cual no podemos decir *«¡Padre!».* Déjate amar por Él. Quédate un momento en silencio. No te desconcierte ni desaliente que a veces el Señor parece también guardar silencio.

Todos tenemos un niño interior, el cual muchas veces llora y dice: "Hoy no tengo ganas de orar"; pero existe también una fuerza interior que no es más que la presencia del Espíritu Santo que responde: "No te preocupes, ora como si las tuvieras".

Por ultimo, te recomiendo que cuando pases por esas dificultades, toma tu oración de los Salmos, porque:

- Son la Palabra que el mismo Dios pone en nuestros labios para que hablemos con El.

- Jesús, la Virgen María y los Apóstoles oraron con ellos.

- La Iglesia los empleó siempre como la "columna vertebral" de su oración.

- Siguen teniendo un valor incomparable para expresar los sentimientos más profundos del corazón humano.

RECOMENDACIONES DE LIBROS QUE TE PUEDEN AYUDAR EN TU PEREGRINAJE

Diccionario Bíblico.

Catecismo de la Iglesia Católica.

Exhortación Apostólica, "La Alegría del Evangelio".
Autor: Papa Francisco

El verdadero poder es el servicio.
Autor: Jorge Mario Bergoglio.

Alégrense.
Autor: Jorge Mario Bergoglio.

Encíclicas de los Papas.

Documento de Aparecida.

Católicos de Encuentro.
Autor: Noel Díaz

Pensamientos que transforman.
Autor: Noel Díaz

El poder transformador de las palabras.
Autor: Noel Díaz

Señor Enséñame a Orar
Autor: Noel Díaz

RECUERDA QUE POR MAS DIFÍCIL QUE SEA TU CAMINAR DIOS NUNCA TE ABANDONARA SIEMPRE ESTARÉ CONTIGO

Amado mío, no sabes cuánto me alegra que estés aquí. Cómo deseaba sentirte y estar cerca de ti.
Conozco de dónde has venido y el recorrido de tu camino. Tu sufrimiento y tus lágrimas siempre me han conmovido,
tú dolor nunca ha pasado desapercibido.
Si supieras tu valor y todo lo que significas para mí
y el amor tan grande que te tengo,
seguramente dejarías de buscarme fuera de tí.

Nadie puede amar a quien no conoce, por eso yo te amo a ti.
Ya deja de buscarme por fuera,
y abre tus alas para volar hacia mí. Hoy tú eres mi invitado especial
y todo lo he preparado pensando en ti.

Celebremos este encuentro personal
y que sepa el mundo que nunca nos separaremos más.
Cuando te vayas, me iré contigo,
cuando te levantes, allí estaré contigo, cuando me busques, me encontrarás.
Nunca te abandonaré y siempre puedes contar conmigo.

Estaré contigo

Escanea este código

45

Más Libros del Autor

CATÓLICOS DE ENCUENTRO

 Ante la pregunta que muchas personas nos hacemos, como católicos: ¿qué debo hacer para tener un encuentro real y perdurable con Jesús vivo? Noel Diaz fundador del Apostolado El Sembrador, ha escrito el libro CATÓLICOS DE ENCUENTRO, el cual es una guía detallada y la vez muy sencilla, que nos explica cómo él logró ese encuentro tan ansiado por todos nosotros, con un Dios vivo y que ha prevalecido por más de tres décadas, hasta el día de hoy.

SEÑOR, ENSÉÑAME A ORAR

 Una petición que da título al nuevo libro de Noel Diaz, con la que muchos nos identificamos, porque hemos sentido la gran necesidad de orar. Este libro es una guía muy sencilla, que nos instruye y despierta en nosotros un ferviente deseo de establecer una relación con nuestro Padre Celestial por medio de la oración, la cual te llenará de paz en todos los momentos de tu vida.

UNA FE SIN FRONTERAS

 MAMA CHUY....UN FE SIN FRONTERAS, no existe una frase que haya podido definir mejor la esencia de Mamá Chuy. Este libro nos presenta la vida de una mujer inmigrante, madre de Noel Díaz, quien es el fundador del Apostolado El Sembrador. Una historia narrada por su propio hijo, de una forma amena, que nos envuelve y nos hace sentir parte de ella. Mamá Chuy fue una mujer cuya fe, le dio la fortaleza para superar muchas adversidades, que a otros hubieran llevado a la soledad y a la depresión y sin embargo, ella pudo salir adelante gracias a su confianza plena en Dios. Este libro es un gran estímulo para todos y muy especialmente para aquellas mujeres que, por diversas circunstancias, son madres solteras. Adquiérelo y descubre a través de su páginas lo que la fe puede lograr.

EL PODER TRANSFORMADOR DE LAS PALABRAS

 Existen situaciones, experiencias y palabras que pueden marcar nuestra vida para siempre. EL PODER TRANSFORMADOR DE LAS PALABRAS es un libro, escrito por Noel Díaz, basado en su propia experiencia y principalmente en la Palabra de Dios, en él nos presenta diversas reflexiones que llegarán a lo más profundo de tu ser, con temas como: "TÚ VALES TANTO COMO LO CREAS", "LA PALABRA DE DIOS TE SANA", "LOS OBSTÁCULOS SON CAMINO AL ÉXITO" y varias más. Un libro ideal para toda la familia, que te llevará a entender cómo las palabras pueden ser una arma de doble filo, con las que puedes lastimar o todo lo contrario, estimular de una forma positiva, a cada miembro de la familia y a todos tus seres queridos. Cómpralo ya y conoce el poder que tienen las palabras.

PENSAMIENTOS QUE TRANSFORMAN

 Ante momentos difíciles que pasamos, muchas veces no sabemos a quién recurrir, quizá por pena o por miedo, es por eso que, Noel Díaz ha escrito para ti un libro que te reconfortará no sólo en esos momentos, sino en cada instante de tu vida: PENSAMIENTOS QUE TRANSFORMAN, en cada página descubrirás bellos mensajes acompañados de citas bíblicas, que te harán recordar lo importante que eres para Dios. Adquiérelo y verás el cambio en tu vida, es una luz de esperanza que querrás compartir con todos tus seres queridos.

Para adquirir los libros de Noel Díaz

Llámanos al **773 777-7773**

O visita nuestra página de internet

www.elsembrador.org